अतिरिक्त नहीं

(कविता-संग्रह)

अतिरिक्त नहीं

विनोद कुमार शुक्ल

हिन्द युग्म

ISBN: 978-93-92820-80-9

प्रकाशक :
हिंद युग्म
सी-31, सेक्टर-20, नोएडा (उ.प्र.)-201301
फ़ोन- +91-120-4374046

मुद्रक : थॉमसन प्रेस
आवरण की तस्वीर : शाश्वत गोपाल
कला-निर्देशन : विजेन्द्र एस विज

पहला संस्करण : नवंबर 2023
चौथा संस्करण : अप्रैल 2025
मूल्य : ₹199

Atirikt Nahin
A collection of poems by *Vinod Kumar Shukla*

Published By
Hind Yugm
C-31, Sector-20, Noida (UP)-201301
Phone- +91-120-4374046
Email- sampadak@hindyugm.com
Website- www.hindyugm.com

First Edition: Nov 2023
Fourth Edition: Apr 2025
Price: ₹199

दादा जी (डॉ. रामचंद्र मिश्र) देवेंद्र चिका सिया
अम्मा (विद्या देवी) अनंत माला को

कविता-क्रम

एक

दो

*'शब्दहीनता में
मैं किसी भी कविता के पहले
मुक्ति को मुक्तियों में दुहराता हूँ
शब्दशः नहीं ध्वनिशः
एक झुंड पक्षियों का पंख फड़फड़ाकर
उड़ जाता है।'*

एक

हताशा से एक व्यक्ति बैठ गया था

हताशा से एक व्यक्ति बैठ गया था
व्यक्ति को मैं नहीं जानता था
हताशा को जानता था
इसलिए मैं उस व्यक्ति के पास गया
मैंने हाथ बढ़ाया
मेरा हाथ पकड़कर वह खड़ा हुआ
मुझे वह नहीं जानता था
मेरे हाथ बढ़ाने को जानता था
हम दोनों साथ चले
दोनों एक-दूसरे को नहीं जानते थे
साथ चलने को जानते थे।

एक विशाल चट्टान के ऊपर

एक विशाल चट्टान के ऊपर
एक चट्टान इस तरह रखी हुई है
कि अभी-अभी गिरने को है
यह अभी-अभी गिरने को है पुरातन है
अभी-अभी गिरने को है जैसे शाश्वत है
अभी-अभी गिरने को है एक भविष्य है
पर जो अभी-अभी गिरने को है
कब से कभी नहीं गिर रहा है
और इसके नीचे से एक रास्ता जा रहा है
यह कितना नवीन है
कि इस अभी-अभी गिरने को है चट्टान की छाया में
अभी एक चरवाहा आकर खड़ा हो गया है।

तथा

तथा
घर के लोगों से घर का संबंध नहीं
तथा यह सामाजिक समाज नहीं
तथा थोड़ी दूर पर रहने वाला मेरा भाई
कई दिनों से मिला नहीं
तथा सड़क से जाते हुए वह मुझे दिखा
उसने भी देखा
पर चला गया
तथा साइकिल वाले से
जब टकराते मैं बचा
और तथा साइकिल वाले ने तब मुझसे कहा 'भाई बचो'
एक ज़बर्दस्त टक्कर होने के पहले
ट्रक ड्राइवर ने भी कहा हो—साले!
तथा सड़क के किनारे हटकर मैंने सुना
राशन लेने वालों को दुकानदार ने
धीरे से माँ-बहन की गाली दी
और चिल्लाकर लाइन लगाने को कहा
तथा माँ-बहन की गाली से जन्मा
वह लड़का मुझे दिखा
पिता-भाई की गाली से जन्मी
वह लड़की मुझे दिखी

तथा दोनों के पास उनका या किसी का राशनकार्ड था
तथा लाउडस्पीकर से
'भाइयो और बहनो संघर्ष हमारा नारा है'
चिल्लाता एक जुलूस गया
तथा माँ-बहन की गाली से जन्मे लड़के ने
लाइन से बाहर आकर
जुलूस वालों को माँ-बहन की गाली दी
तथा बहुत लंबी लाइन देखकर फिर
लाइन से बाहर ही खड़ा रहा
और केवल तथा यह राजनैतिक समाज नहीं।

अपने हिस्से में लोग आकाश देखते हैं

अपने हिस्से में लोग आकाश देखते हैं
और पूरा आकाश देख लेते हैं
सबके हिस्से का आकाश
पूरा आकाश है।
अपने हिस्से का चंद्रमा देखते हैं
और पूरा चंद्रमा देख लेते हैं
सबके हिस्से का चंद्रमा वही पूरा चंद्रमा है।
अपने हिस्से की जैसी-तैसी साँस सब पाते हैं
वह जो घर के बग़ीचे में बैठा हुआ
अख़बार पढ़ रहा है
और वह भी जो बदबू और गंदगी के घेरे में ज़िंदा है।
सबके हिस्से की हवा वही हवा नहीं है।
अपने हिस्से की भूख के साथ
सब नहीं पाते अपने हिस्से का पूरा भात
बाज़ार में जो दिख रही है
तंदूर में बनती हुई रोटी
सबके हिस्से की बनती हुई रोटी नहीं है।
जो सबकी घड़ी में बज रहा है
वह सबके हिस्से का समय नहीं है।
इस समय।

यद्यपि नहीं होना था

यद्यपि नहीं होना था।
शुरू में तो यद्यपि नहीं होना था
यद्यपि चावल ख़रीदने निकला की जगह
बिना यद्यपि के चावल ख़रीदने निकला होना था
जबकि यह शहर
वैसे बहुत शहर नहीं
जबकि कुछ लोग
रस्ते में मिलते हैं
जो एक-दूसरे को जानते हैं
जबकि ज़्यादा जान-पहचान होने के बाद भी
मैं अनाज उसी भाव से ख़रीदूँगा
जिस भाव से कोई
जैसे वह ख़रीदता है
जिसे मैं नहीं जानता
या वह जिसे कोई जानता है।
पच्चीस-तीस वर्षों से
उसी दुकानदार से सामान ख़रीद रहा हूँ
और पच्चीस-तीस वर्ष रहकर
इस बहुत शहर नहीं में
चावल और नमक ख़रीदते हुए
दुकानदार के सामने

निरुपाय
पच्चीस-तीस वर्षों का
आदिवासी हुआ हूँ।
यद्यपि
यद्यपि।

ईश्वर अब अधिक है

ईश्वर अब अधिक है
सर्वत्र अधिक है
निराकार साकार अधिक
हरेक आदमी के पास बहुत अधिक है।
बहुत बँटने के बाद
बचा हुआ बहुत है।
अलग-अलग लोगों के पास
अलग-अलग अधिक बाक़ी है।
इस अधिकता में
मैं अपने ख़ाली झोले को
और ख़ाली करने के लिए
भय से झटकारता हूँ
जैसे कुछ निराकार झर जाता है।

कितना बहुत है

कितना बहुत है
परंतु अतिरिक्त एक भी नहीं
एक पेड़ में कितनी सारी पत्तियाँ
अतिरिक्त एक पत्ती नहीं
एक कोंपल नहीं अतिरिक्त
एक नक्षत्र अनगिन होने के बाद।
अतिरिक्त नहीं है गंगा अकेली एक होने के बाद—
न उसका एक कलश गंगाजल
बाढ़ से भरी एक ब्रह्मपुत्र
न उसका एक अंजुलि जल
और इतना सारा एक आकाश
न उसकी एक छोटी अंतहीन झलक।
कितनी कमी है
तुम ही नहीं हो केवल बंधु
सब ही
परंतु अतिरिक्त एक बंधु नहीं।

इस मैदानी इलाक़े में

इस मैदानी इलाक़े में इस साल भी
पहाड़ नहीं हैं
पहाड़ न जाने कबसे वहाँ हैं, जहाँ वे हैं।
उन्हें अब हटकर होना चाहिए
मसलन विंध्याचल, मोटर स्टैंड या कचहरी से सटकर
गाँव की पाठशाला या खेत के पीछे सतपुड़ा केवल।
हिमालय वहाँ ज़्यादती है
जहाँ हिमालय नहीं है।
यह मैदान ज़्यादती है
जहाँ मैदान नहीं है।
टाटानगर ज़्यादती है
जहाँ टाटानगर नहीं है!
इस साल यह समतल विस्थापित हो हिमालय पर
तराई पर नहीं
चोटी पर इस मैदान का शिखर इलाक़ा हो।
भोपाल हो अब की साल
बाँकल, पनियाजोब के पास।
गंगा के किनारे से हटकर
काशी महानदी के पास।
गरियाबंद गंगा से,
चंडीगढ़ साँची से,

नाँदगाँव से फ़रीदकोट,
और मद्रास से जुड़ा हो मुरादाबाद।
सब जगह इस तरह विस्थापित हो
सब जगह के पास
कि सब जगह हो सब जगह के पास
और अकाल, आतंक, दुकाल में अबकी साल
गाँव से एक भी विस्थापित न हो।

बहुत पहले की बात है

बहुत पहले की बात है
सकुशल की जगह एक ग्राम था
वहाँ निवास की जगह एक घर
उर्वरा की जगह खेत
कल्पना की जगह आकाश
और आकाश की जगह कल्पना
मातृत्व की जगह एक तृप्त स्त्री
पितृत्व की जगह पौरुष-पुरुष
मनुष्यता की जगह मनुष्य
पर्वतीय की जगह कुछ पर्वत
और ऊँचाई की जगह कुछ पहाड़
तराई की जगह घास के मैदान में
बहाव की जगह एक नदी
किनारे की जगह समुद्र
हरियाली की जगह पेड़, फल-फूल, वनस्पति, जंगल, जीव-जंतु
निर्मिति की जगह सब कुछ था
तब बहुत पहले की एक बात है की जगह
बहुत पहले की बात नहीं थी
अभी एक बात है की जगह एक बात है
मिट्टी से काम करने वालों के लिए
अकेली पृथ्वी ही

पृथ्वी भर मिट्टी लेकर उपस्थित है
और मनुष्यता के लिए कोई भी
एक मनुष्य।

सुबह है

सुबह है
जीवनपर्यंत की सुबह है
इस आजीवन सुबह के सुबह-सुबह में
उस बूढ़ी कोचनिन से भाजी ही ख़रीदना
जिससे मोल-भाव नहीं करता मैं
जो पालक रुपया के दस जूड़ी कहती है
और गिनते समय बारह देती है।

मैं दो जूड़ी लेने से इनकार करता हूँ
कि दाई ज़्यादा है
तो ग़ुस्सा होकर
नहीं बेचना है कहकर
सब पालक वापस करने को कहती है।

हारकर ठगा हुआ
दस के बदले बारह जूड़ी लेता हूँ
दो दिन के दो सुबह उपराहा पाता हूँ
इसी उम्र में दो उम्र जीवन पाता हूँ।

जीने की आदत

जीने की आदत पड़ गई है
जीवन को जीने की ऐसी आदत में
बरसात के दिन हैं यदि
तो जीने की आदत में बरसात होती है।
छाता भूल गया तो
जीवन जीने की आदत में
छाता भूल जाता हूँ
और भीग जाता हूँ।
जब बिजली कौंध जाती है
तब बिजली कौंध जाती है
आदतन जीना, उठना-बैठना, काम करना।
थोड़े-थोड़े भविष्य से
ढेर सारे अतीत इकट्ठा करता हूँ
बचा हुआ तब भी ढेर सारा भविष्य होता है
ऐसे में ईश्वर है कि नहीं की शंका में
कहता हूँ—मुझे अच्छा मनुष्य बना दो
सबको सुखी कर दो।
तद्नुसार अपनी कोशिश में
पता नहीं कहाँ से
आदत से अधिक दुख की बाढ़ आती है
जैसे पड़ोस में ही दुख का बाँध टूट गया

और सुख का जो एक तिनका नहीं डूबता
दुख से भरे चेहरे के भाव में
मुस्कुराहट-सा तैर जाता है
न मुझे डूबने देता है
न पड़ोस को
और जब बिजली कौंध जाती है
तब बिजली कौंध जाती है
अँधेरे में बिजली कौंध जाने के उजाले में
सँभलकर एक क़दम आगे रख देता हूँ।
जीवन जीने की ऐसी आदत में
जब मैं मर जाऊँगा
तब कोई कहेगा
शायद मरा नहीं
तब भी मैं मरा रहूँगा।
बरसात हो रही होगी
तो जीवन जीने की आदत में
बरसात हो रही होगी
और मैं मरने के बाद
जीवन जीने की आदत में
अपना छत्ता भूल जाऊँगा।

बिन डूबी धरती

बिन डूबी धरती जहाँ समाप्त होती है
वहाँ एक डूबी हुई धरती शुरू होती है
धरती को डुबोया हुआ है समुद्र
समुद्र का किनारा वहीं है
जहाँ किनारे की धरती
डूबती निकलती है
जैसे डुबकी लगाती है स्नान करते हुए लोगों के साथ
मैं किनारे
अपने घुटने तक डूबी धरती पर खड़ा हूँ
एक तेज़ लहर अचानक आकर
मेरी छाती तक धरती को डुबो देती है
एक पूरे समुद्र जल में किनारे की डुबकी लगाती धरती के साथ
मैं स्नान करता हूँ।
मैं समुद्र के साम्राज्य से
एक शंख पाता हूँ
और बिन डूबी धरती पर खड़ा होकर
समुद्र का शंखनाद करता हूँ।

इतिहास बीता हुआ है

इतिहास बीता हुआ है
खंडहर बीते हुए का कुछ
नहीं बीता है
ऐसे ही मज़बूत खंडहर की तरह है
एक ऐतिहासिक क़िला जिसमें
नई गृहस्थी का
घर हुआ होता तो भी लगता
कुछ सुरक्षित रह सकता है रहना अब भी
उजाड़ने वाले लोगों से।

किसी तरह धरती पर अच्छे से रहने के लिए
करोड़ों वर्ष पुरानी कितनी खंडहर हुई धरती पर
करोड़ों वर्ष पुराने कितने खंडहर हुए आकाश के नीचे
झोपड़ी की दीवाल को
हर बरसात के बाद
मिट्टी से छाबने का काम शुरू होता है
तो बरसात के पहले छानी छप्पर का,
यह धरती के खंडहर को छाबने का काम है
और आकाश के खंडहर को छाने का।

अब पहुँच ही गए हैं

अब पहुँच ही गए हैं

भविष्य कितना निकट
कि ठीक अगला क्षण।
वर्तमान कितना अतीत
कि ठीक यही क्षण।

बहुत समीप के भविष्य
और बहुत समीप के अतीत को
इर्द-गिर्द लिए
रात में उपस्थित हूँ।

मेरा पुराना
घुन लगी लकड़ी की पेटी में
अतीत का विस्मृत कबाड़ है
और स्मृति में नया बहुत नया।

अब पहुँच ही गए हैं
इस समय रात्रि के आठ बजे होंगे
रुकने के लिए रात के समय में
एक जगह बनाना चाहता हूँ

परंतु समय इसे
यात्रा की रात बना देता है
और दिशा इसे अमावस।

न पहुँचने के अंत तक लगता है
कि अब पहुँच ही गए हैं
जैसे पहुँचने के अंत तक।

अतीत को स्मरण

मैं अतीत को स्मरण करता हूँ
मैं भविष्य को स्मरण करता हूँ
क्या होने वाला है को
हो चुका की तरह
होता देखता हूँ
इस तरह भविष्य से
अतीत की तरफ़
आने-जाने वाले रस्ते पर
समय से दुर्घटनाग्रस्त होता हूँ
कि इस रस्ते पर सिर झुकाए जा रही
तीस वर्ष की वह लड़की
चालीस वर्ष की है
और उसका ब्याह नहीं हुआ।
तीन लड़के जो स्कूल जा रहे हैं
उनकी पढ़ाई पूरी हुए
कई बरस बीत गए
और किसी को काम नहीं मिला के आख़िर में
हत्या करने का उनको काम मिला।

वह जो पहाड़ दिख रहा है
स्मरण करता हूँ नहीं है

यह जो नदी बह रही है
याद आती है सूख गई।
एक हवा आती है
और चट्टानी शाश्वत की धूल उड़ती है।
तपते मरुस्थल में
एक हरी पत्ती मिलने का आश्चर्य मिलता है
तो पत्ती के सूख जाने के बाद भी
सारा जीवन उस हरी पत्ती के आश्चर्य से चकित
सूखी पत्ती को बल्कि हरी पत्ती के आश्चर्य को
सहेजे समय से बुरी तरह दुर्घटनाग्रस्त होकर
आज अभी की भाषा में बोलते हुए
भविष्य-वक्ताओं की भीड़ से दबकर
भाषाविहीन मेरी चीख़ निकलती है
कभी धर्म और जाति के
राजनीतिक, अराजनीतिक जुलूस से दबकर
धर्मविहीन, जातिविहीन चीख़ चीख़ता हूँ।

मेरी चीख़ अवाक् होती है
जब भविष्य-सी मरी हुई
एक छोटी-सी लड़की को
पीछे के दरवाज़े से
घर से बचाकर बाहर निकालते हुए
एक डरी हुई माँ को देखता हूँ
तो अवाक् चीख़ रोकता हूँ
कि कोई सुन न ले।
आस-पास सभी घरों में
लड़कों के पिता बनने वाले पिता हैं

अजन्मी लड़कियों को
कोख में मार डालने वाले हत्यारे पिता।
अपने बेटों के ब्याह की फ़िराक़ में
ये निकलते हैं
तो मैं इनसे कुचला जाता हुआ
एक लड़की के पिता की चीख़ चीख़ता हूँ
दो लड़की के पिता की चीख़ बहुत दर्दनाक चीख़ता हूँ।

बेहोश होकर की नींद है
जागरण की तरह जो सच है
वह दुख की तरह का जागरण है
ऐसे में कभी एक दिन की तरह होगा–
होता है का दिन है
चालीस वर्ष की, सिर उठाए अभी-अभी ब्याह कर
आती हुई लड़की के बालों में
मोंगरे का गजरा बँधा है
उसने हल्का-सा पाउडर लगाया है
जो अच्छा लगता है
जाते हुए वह मुझे अपने पिता की तरह उठाती है
मैं उसके पिता की तरह उठता हूँ
और भविष्य सोचने के आम मौक़े पर जाकर
खड़ा हो जाता हूँ।

रहने के प्रसंग में कहीं एक घर था

रहने के प्रसंग में कहीं एक घर था
उसी तरह प्यास के प्रसंग में उसमें
एक छोटे घड़े में पानी भरा था
बहुत दिन से बचा था के कारण
घड़ा पुराना हो चुका था
पता नहीं क्या था के कारण
कुछ था जो याद नहीं आ रहा था
जो याद आ रहा था वह इतना था
कि उसके प्रसंग भी बहुत थे
आस-पास था, दूर था
बीते हुए रात-दिन का समय हो चुका था
बीतने वाले रात-दिन का समय था
सब तरफ़ जीवन था
संसार के प्रसंग में घड़ा छोटा था
कोई किसी के घर पानी पीने आ सकता है
इसलिए छोटे घड़े के बदले
बड़े घड़े होने का एक प्रसंग था।

जब बात यहीं समाप्त नहीं होती

जब बात यहीं समाप्त नहीं होती
तब कुछ कहना यहीं बचा होता है
तब वह कह रहा होता है
और बाक़ी चुप नहीं होते
तब वह चुप और शांत होता है
तब केवल उसके सिवाय
सब कह रहे होते हैं
तब उसके सिवाय सब अशांत होते हैं—
सब कह रहे हों!
अकेला एक सुन रहा हो!!

जो सब कह रहे थे
वे सब बुद्ध नहीं थे
जो अकेला एक सुन रहा था
वही बुद्ध था।

तथा आश्चर्य

तथा आश्चर्य है,
तथागत आश्चर्य
कि केवल एक
एक सच कह रहा था।
वह सच-सच बता रहा था
और उसका सच सब सुन रहे थे।
ऐसा कोई नहीं था
जो उसका सच न सुन रहा हो।
पता नहीं वह कौन था?
जो सुन रहे थे
उनकी भीड़ लगी थी
और वे सबके सब बुद्ध थे
बड़े-बूढ़े, स्त्री-पुरुष
और बच्चे भी—
बच्चे भी सिद्धार्थ नहीं थे
बुद्ध थे।

स्थिरता यदि पहाड़ न हो

स्थिरता यदि पहाड़ न हो
तो पहाड़ वहाँ नहीं दिखते
और हमारे दिखने में
ऊँची उड़ान भरते किसी पक्षी का नाम
पहाड़ हो चुका होता।
फॉसिल हो चुकी उड़ान है यह पहाड़
आकाश की ओर
जो पंख ने भरे थे।
जिनके पंख नहीं
वही मैं हूँ पैदल-पैदल
उड़ान की स्थिर ऊँचाइयों
और ऊबड़-खाबड़ में
चढ़ रहा होता हूँ
उड़ान पर डग भरता हूँ।

पहाड़ पर शिखर तक एक डगर है
डग भरते हुए मुझे लगता है—
मैं उड़ते हुए एक पक्षी के
पीछे-पीछे जा रहा हूँ
पक्षी! मैं तुम्हारे पीछे हूँ!!

एक अप्रत्याशित दिन में

एक अप्रत्याशित दिन में
प्रत्याशित दिनचर्या
पूर्वज दिनों की।
पूर्वज दिन होने को
यह दिन भी बीत रहा।

आगामी दिन
अब इतने निकट हैं
कि मैं वहाँ से
मुझे पुकारा गया को
स्पष्ट सुनता हूँ
पितामह! मातामह!!

आज के दिन के मध्याह्न से
आज का प्रातः पूर्वज हुआ।
संध्या छह बजे
आज का पाँच बजे पूर्वज हुआ।

लगातार पूर्वज होने के समय में
पितामह! परपितामह!!
पुकारने वाले दिन को पा लेने
मैं आगामी दिनों में
शीघ्रता से प्रवेश करता हूँ।

मनुष्य सभ्य है

मनुष्य सभ्य है
इसलिए हो सकता है
घर में रखे हिमालय की तस्वीर के कारण
हिमालय सभ्य है
हवा, पक्षी, आकाश सभ्य हैं।
युगों का हिमालय युग से
विस्थापित होकर
आज के दिन आजकल इस तरह है
कि चित्र में शरणार्थियों के टेंट का आकार
त्रिभुज जैसा लगता है
और त्रिभुज का शीर्ष एवरेस्ट है।
हमारे समय में इसी में हिमालय रहता है।—
या समय पर ही
हिमालय की श्रेणियों की शृंखला है
जो युगों से शुरू होकर
इन दिनों आज तक आगे के दिनों तक है
कि हिमालय से समय विस्थापित हुआ है
और हिमालय के
किसी एक कोने के शरणस्थल पर
समय बसा है

और वही हिमालय! हिमालय!
वैसा ही वही!!

एक छोटी गौरय्या वही
वही नीम का पेड़ वही।
समय उनका है
उनके समय में आना और जाना है।
उस लड़की का नाम चिड़िया है
उस लड़के का नाम शाश्वत
और घर के सामने कैलास रहता है।

—से संबोधित

—से संबोधित
इससे, उससे, सबसे
एक एकालाप अपने से
कि मैं संसक्त हूँ।
मेरा अनुषंग संसार का अनुषंग है।
दिनों का अनुषंग
सबके सूर्योदय, सूर्यास्तों के अनुषंग से बना है
इतने सूर्योदयों को पाकर भी
कल के सूर्योदय से
पाँच मिनट की सुबह को बचाकर
आज की सुबह को पाँच मिनट यद्यपि
नहीं बढ़ा पाया—
समय की समाप्ति के पश्चात
कुछ समकालीन बचा रहता है जानकर
कालखंड की पेटी में यद्यपि
कुछ बचा नहीं पाया
आज के दिन अभी बीते हुए सूर्योदय में
बीता हुआ
बहुत बीता हुआ नहीं
गया बीता बिलकुल नहीं

नहा-धोकर तैयार
कि आमीन के तुक में समकालीन
या समकालीन के तुक में आमीन।

जलप्रपात है समीप

जलप्रपात है समीप
जल बिंदु के साथ
हवा का झोंका आ रहा है।
जलप्रपात अपनी जलप्रपात ध्वनि से
सब ध्वनियों को निस्तब्ध कर रहा है।
वहाँ जाने के पहले
जो कुछ कहना-सुनना है
कह-सुन लिया गया
कि जलप्रपात के पास
केवल जलप्रपात ध्वनि को सुना जाता है
इस भाषा को पुरखे सुन चुके होते हैं
और पीढ़ियाँ सुनने वाली होती हैं
अलावा कुछ भी सुनाई नहीं देता।
तब भी प्रपात के पास
पेड़ की पत्ती से इकट्ठी हुई बूँद—
के टपकने की आवाज़ होती होगी।
चिड़िया चहचहाती है
जिसकी चहचहाहट सुनाई नहीं देती
और चिड़िया के बच्चे जवाब दे रहे होते हैं।
एक गीली काली चट्टान के
नीचे से निकलकर एक कीड़ा भी

बोल रहा होगा
सब अपनी आवाज़ बोल रहे होते हैं
वहाँ मैं कोरस गाता हूँ।

बोने को चार बीज

बोने को चार बीज हैं धान के
जाते-जाते झरकर बच गए देहरी में
जैसे स्वयं बचे ये बीज
सबकी नज़र बचाकर।
पर बचा नहीं अबकी बार
खेत का अंतिम टुकड़ा
किसान होना भी उसका नहीं बचा
वह बिना खेत का।
बचा रह गया मोह
खेत के अंतिम टुकड़े का।
बिन बोये ये चार बीज
कभी अंकुरित नहीं हुए
बिन बोये इन बीजों का
कोई अर्थ भी अंकुरित नहीं हुआ।
अर्थ अंकुरित होने का भी
जैसे अंतिम टुकड़ा खेत का नहीं बचा।
फिर भी बचा रह गया मोह
अर्थ अंकुरित होने वाले
खेत के अंतिम टुकड़े का।

मुरमी ज़मीन है सब तरफ़

मुरमी ज़मीन है सब तरफ़
एक चुंबक का टुकड़ा
धरती पर गिर जाए तो
लोहा मिले मुरम के छोटे-छोटे टुकड़े
चुंबक में चिपके दिखते हैं
धरती में लोहा है।
तेज़ हवा में, धागे से चुंबक लटकाकर रखो
धूल जैसे लोहे के बारीक कण
चुंबक में चिपके दिखलाई देते हैं
हवा में लोहा है
लोहे की धूल-गर्द उड़ती है।
घरों में छानी-छप्पर में
आँगन में
किताबों-कपड़ों में भी
उसी की गर्द होती है।
बहुत धूल होती है—
किसी भी तालाब के पानी-जल से नहा लें
उसमें भी लोहा होता है,
घिस-घिसकर, रगड़-रगड़ ज़ंगरहित
और धारदार।

उस अधूरे बने मकान के पीछे

उस अधूरे बने मकान के पीछे एक प्राचीन बड़ा मंदिर है
पान की दुकान से सटा हुआ एक मंदिर है
झोपड़ियों के बीच लाइन से तीन मंदिर हैं
वैसे ही टूटे-फूटे दो मंदिर और देखता हूँ
सड़क के किनारे का मंदिर
आधा धँसा हुआ है
उसके बाद एक बावड़ी है।
जहाँ मूँगफली वाला बैठा हुआ है
वहाँ दीवार से टिकाई हुई विष्णु की मूर्ति है
जहाँ डाब बेचने वाली बुढ़िया बैठी हुई है
उसके पास की चट्टान में ब्राह्मी लिपि खुदी हुई है
हिलते-डुलते पेड़ की झुरमुटों की आड़ से
कोई टूटा-फूटा मंदिर इस तरह दिख जाता है
कि पहले किसी को नहीं दिखा है।
जगह-जगह इतना प्राचीन है
कि घूमते-घूमते थक चुका हूँ
अँधेरा हुआ
आठवीं शताब्दी के अँधेरे की तरह
मुझे लगता है वही चाय की दुकान होगी
उसके पुराने जर्जर दरवाज़े को खटखटाता हूँ
दरवाज़ा खुलता है

यह दरवाज़ा भी मंदिर का है
एक ग़रीब छोटी लड़की
ढिबरी लिए खड़ी है
यह एक छोटा-सा बहुत ग़रीब शिव का घर है

इस बियाबान उजाड़ मैदान में

इस बियाबान उजाड़ मैदान में
कभी नगर बसा हुआ हो
अब खंडहर भी नहीं, कुछ नहीं
छाया के लिए पेड़ नहीं
पेड़ की ऐसी सूखी पत्ती नहीं
जो दूर से उड़कर आई हो
दूब है, दूब की छाया है
दूब की छाया में एक दुबका हुआ कीड़ा है
यह एक ऐसा ऐतिहासिक स्थान है
जहाँ किसी खंडित मूर्ति के माथे के बल का एक रेत कण
किसी कीड़े के घर रखा हुआ हो सकता है
तो दूसरे कीड़े के घर
विशाल प्रस्तर स्तंभ का एक रेत कण
चूर-चूर हुए मंदिर की एक चुटकी ढेरी
मृत देह की धूल पर
हमारी कल खाई हुई रोटी का अवशेष—
अभी कोई कीड़ा मुझसे भी परिचित हो रहा होगा
जान रहा होगा कोई सूक्ष्म जीव
पर मैं यहाँ बसा हुआ नहीं हूँ
जहाँ बसा हूँ
वहाँ भी कीड़ों का जीव जगत है।

पिंजड़े में

पिंजड़े में
लिपिक! लिपिक!!
बोलने वाला तोता
साहब के घर में था।

बहुत प्राचीन पक्षी लिपि है
सांध्य आकाश में पक्षियों की पंक्ति
संदर्भ लौटने का, वाक्य है
यह विषय भी लौटने का इतना है
कि वाक्य भी लौटता है।
अपने कार्यालय की खिड़की से
उन उड़ते हुए पक्षियों से
मैंने कहा, आभार।

आभार पक्षियों की ओर उड़ गया
पहले एक मेरा आभार था
और बाक़ी सब सारस थे
फिर उसका भी आभार था
और सब सारस थे।

एक प्रवासी आया है

एक प्रवासी आया है।

यह प्रदेश यहाँ बसा हुआ
एक नदी बसी हुई
बसी हुई नदी में प्रवासी ने स्नान किया।

बसे हुए पर्वत से मित्रता की
जो दूर से दिखने लगा था
और पहुँचने के पहले साथ हुआ।

इस पर्वत में किसी की राह देखने की ऊँचाई है
कि आने वाला दूर से दिखाई देता है।
इस बसे हुए पर्वत में
दूर तक जाता हुआ देखने की ऊँचाई भी।

एक प्रवासी
जगह-जगह के आकाश को लौटाता
यहाँ के बसे आकाश को
यहाँ लौटाने आया है।

एक जन लौटने का प्रवासी
लौट आया
और बिना रुके जा रहा है।

कुछ काला बैंगनी

कुछ काला, बैंगनी
गुलाबी, नीला
धूप-छाँव के एक टुकड़े में
लंबी चोंच थी
वह स्थिर बैठा हुआ पक्षी था।

इंद्रधनुष के एक छोटे टुकड़े पर पंख थे
ऐसा एक पक्षी उड़ते हुए आकर बैठ गया था।
धीरे-धीरे बरसात हो रही थी
और डूबता हुआ सूरज था
इस दृश्य के चिड़िया इतने टुकड़े में
एक चोंच थी
ऐसा एक पक्षी बैठ रहा था।

एक बहुत बड़ा तालाब था
न मालूम उसमें कितनी मछलियाँ तैर रही थीं
इस दृश्य के एक छोटे टुकड़े में
केवल एक मछली तैर रही थी।

अचानक पानी का गिरना बंद हो जाता है
मैं भीगते हुए से बचने के लिए जैसे
बिना बरसात के दृश्य में आ जाता हूँ।

तथा मैं परोक्ष हूँ

तथा मैं परोक्ष हूँ—
मैं तुमसे कहूँगा।

मेरे कहे को नहीं
कहे की प्रतिध्वनि
तुम्हें सुनाई देगी।

तुम मुझसे कहोगे! और
तुम्हारे कहे को नहीं
उसकी प्रतिध्वनि सुनाई देगी।

कविता—मैंने अपने से कहा।
जो सुनाई देती है वह प्रतिध्वनि है
जिसे मैंने अपने से कहा।

—भी प्रतिध्वनि

—भी प्रतिध्वनि
यह भी।

प्रतिध्वनि बोलता हुआ
वह मनुष्य गया
प्रतिध्वनि बोलते हुए कुछ लोग
प्रतिध्वनियों का कोलाहल है
प्रतिध्वनि में बातचीत करते
दोनों बैठे रहे
फिर चुपचाप की प्रतिध्वनि
चुपचाप ही।

कोई दरवाज़ा खटखटाने की प्रतिध्वनि
मेरा दरवाज़ा खटखटाती है
कोई आया है सोचकर
दरवाज़ा खोलता हूँ,
तो एक परोक्ष उपस्थित है
एक परोक्ष अतिथि।

केवल बहुत सन्नाटा

केवल बहुत सन्नाटा
कि झींगुर की
एक ही आवाज़ की
प्रतिध्वनि की प्रतिध्वनि
की लगातार ध्वनि सुनाई देती है।

केवल गहरा अँधेरा
अँधेरे की प्रतिछाया की काली प्रतिछाया
से गहराते अँधेरे से भरे
कुएँ के तल में
मेरी परछाई की काली छाया पड़ी हुई।

सब गहन काला गहराया है
जागकर देखती आँखें
नींद में जो स्वप्न देखती हैं
यह देखना
देखने का अतिरिक्त है।
स्वप्न के अतिरिक्त घर-संसार में
मेरा अतिरिक्त
मेरी पत्नी के अतिरिक्त के साथ
अतिरिक्त सुख-दुख पाता है

अतिरिक्त दुख कुछ अधिक
कि जाग जाता हूँ
मेरे जागने का यह अतिरिक्त
जाग जाता हूँ।

आकाश अंतरिक्ष का रस्ता है हमारी ओर

आकाश अंतरिक्ष का रस्ता है हमारी ओर
यहीं से प्रथम छोर पर अनंत दिखता है
कि अंतिम छोर पर भी अनंत है
यह आकाश बतलाता है
कि हम जहाँ रहते हैं वह संसार है
हमारी कल्पना में कुछ भी बाक़ी नहीं
जो कुछ बाक़ी है आकाश में है
यदि मैं कल्पना की जगह से
कल्पना को हटाता हूँ
तो वहाँ आकाश को पाता हूँ
बहुत पास और चमकदार।
यदि खिड़की से काँच की धूल को साफ़ करने से आकाश
साफ़ दिखता है
तो खिड़की खोलकर अंतरिक्ष झाँकता हूँ।

कुछ दिनों से मैं कल्पना का काम आकाश से लेने लगा हूँ।

—कि कुछ दिनों तक

—कि कुछ दिनों तक
मैं उसे अच्छा आदमी समझता रहा
बल्कि काफ़ी दिनों तक
और काफ़ी दिनों के बाद भी
अच्छा आदमी समझता रहा
हर बार समझा
बार-बार शुरू से आख़िर तक।

अधिकतर लोगों ने उसे बुरा कहा
न्यायपालिका ने बल्कि हत्यारा भी
जितना मुझे उस आदमी के अच्छे होने पर विश्वास था
उतना सत्ता और सर्वोच्च न्यायपालिका पर कभी नहीं था।

वह एक ग़रीब आदमी था।

दुनिया में अच्छे लोगों की कमी नहीं है

दुनिया में अच्छे लोगों की कमी नहीं है
कहकर मैं अपने घर से चला।
यहाँ पहुँचते तक
जगह-जगह मैंने यही कहा
और यहाँ कहता
कि दुनिया में अच्छे लोगों की कमी नहीं है।
जहाँ पहुँचता हूँ
वहाँ से चला जाता हूँ।

दुनिया में अच्छे लोगों की कमी नहीं है—
बार-बार यही कह रहा हूँ
और कितना समय बीत गया है
लौटकर मैं घर नहीं
घर-घर पहुँचना चाहता हूँ
और चला जाता हूँ।

हज़ार वर्ष पुराना है कटक

हज़ार वर्ष पुराना है कटक
कटक को कैसे देखूँ कि वह मुझे हज़ार वर्ष से
बसा हुआ दिखे
कोई अवशेष हज़ार वर्ष पुराना
कोई उजाड़ हज़ार वर्ष मैं देखना नहीं चाहता।
महानदी और कठजोड़ी के बीच
बसे हुए को देखता हूँ
कि हज़ार वर्ष से बह रहा है इन नदियों का जल
हज़ार वर्ष के आकाश को इस समय का आकाश
हज़ार वर्षों की आज की रात्रि में एक स्वप्न
कि कटक बसने की पहली रात्रि में
एक निवासी स्वप्न देख रहा है
उसके स्वप्न में मैं हूँ
और मेरे स्वप्न में वह।

इतिहास की एक नदी को

इतिहास की एक नदी को
एक बिछुड़े लोगों के शहर के किनारे
मैंने पाया कि गंगा है
गंगा नदी का अवशेष, जल-खंडहर।

बाढ़ आई होगी के बाद
बिछुड़े लोगों के एक शहर में
मिल जाने वाले रास्ते
खो जाने वाले रास्ते हैं।
बिछुड़ों को ढूँढ़ने
मैं इन्हीं खो जाने वाले रास्तों में हूँ
जो नहीं मिले थे
उनको पाने
स्वयं अपने नहीं मिलने में
चला जा रहा हूँ।
इधर-उधर की गलियों में
अपने मिल जाने का समय बिताकर
अपने खो जाने का समय बिताता
जा रहा हूँ।

इस समय चिल्लाकर मैं कह रहा हूँ
कि उस समय तक सुनाई दे
'मुझे ढूँढ़ना मत।'

कोई नहीं है का अंतहीन एकांत है

कोई नहीं है का अंतहीन एकांत है
आस-पास कुछ अंतहीन में भी नहीं कोई
बहुत अंतहीन में भी नहीं।
दूर तक का बाहर
मेरे अंदर के पहिरावन से कभी ढका था
चीथड़े होकर अब उतर गया है।

इस साफ़ दिख रही क्षितिज-रेखा को
धागे की तरह लपेटकर
एक गोला बनाने की उधेड़बुन-सा करता खुले में खड़ा हूँ
कि फटेहाल मनुष्यता को सीने
भ्रम का यह धागा कम न पड़े का भ्रम होता है।

पृथ्वी पर बस एक फेरा लिपटा क्षितिज धागा
कई फेरे लिपटा होता तो विस्तार की नग्नता को ढके का जाने का भ्रम
पुख़्ता हुआ होता।
तभी सांध्य-सूर्य को पृथ्वी समझकर
मंत्र की तरह बड़बड़ाता हूँ
कि पृथ्वी, कोसाफल की तरह हो
और क्षितिज-रेखा को रेशमी धागे की तरह पकड़कर

कि एक रेशमी किरण जैसे
एक बहुत बूढ़ा बुनकर
रेशम बुनने की तैयारी कर रहा हो।
हाथ-करघा है।

पलटकर देखा

पलटकर देखा कि घर की दिशा की रात में
उज्ज्वलित हुआ-सा उज्ज्वल
आड़ से झलका था।
चकाचौंध से हुई चमक से अँधेरे में
सब कुछ नहीं दिखा-सा दिखा—
बिजली, घर की दिशा के दरवाज़े की आड़ से चमकी थी।
घर की दिशा के अंदर आकाश में
मेघ घर आए थे।
क्षितिज की देहरी थी।
लौटना बहुत दूर से था,
जब लौटना शुरू किया।
अनगिनत सूर्यों के अस्त की दिशा से
अनगिनत सूर्यों के उदय की दिशा की ओर लौटता हूँ।

आम का पेड़

आम का पेड़ उस जगह निष्प्रयोजन था
परंतु आम का पेड़ होने से प्रयोजन था
घोंसला था
गिलहरी शाखों की गलियों में
आते-जाते दिखती थी
कोई योजना नहीं थी
और बहुत कुछ था—
पेड़ पर ऋतुएँ होतीं
ग्रीष्म, पतझड़ होती
धूप होती और छाया
वह एक ऐसी जगह थी
जहाँ किसी भी दिन
मेरा आना निष्प्रयोजन था
परंतु आम का पेड़ होने से
मेरा वहाँ पहली बार का आना
आए दिन का
पहला दिन हुआ था।

रात को याद करता हूँ

रात को याद करता हूँ
ताकि मैं उसे
शब्दशः दुहरा सकूँ—
अँधेरे को एक और अँधेरे में
अनगिनत तारों को
अनगिनत तारों में और
बार-बार तारों के अनगिनत में।

दबोचे जाने को
दबोचे जाने में शब्दशः
छटपटाहट को
बिल्ली के मुँह में दबे
पक्षी के पंख की फड़फड़ाहट से

अथवा मेरी शब्दहीनता में
मेरी छटपटाहट को
ध्वनिशः वह पक्षी फड़फड़ाता होगा

शब्दहीनता में
किसी भी कविता के पहले
मैं मुक्ति को
मुक्तियों में दुहराता हूँ ध्वनिशः
जो झुंड में उड़ जाता है।

छाता लेकर काम पर

मैं छाता लेकर काम पर जाता हूँ।
बहुत तेज़ धूप है
बरसात के लिए बादल नहीं
छाया के लिए भी बादल नहीं
धूप से बचने के लिए
मैं छाता लेकर काम से जाता हूँ।
छत्ते की छाया की मेरी बदली
अपनी इस बदली के छाते को लेकर जाता हूँ
बहुत भुलक्कड़ हूँ
किसी पेड़, ऊँची चट्टान, किसी घर की दीवार
दरवाज़े, देहरी की छाया में
अपने छाते को
बार-बार भूल आता हूँ
अपरिचित, परिचित, आत्मीय, किसी छाया में
अपना भूला छाता पा लेना चाहता हूँ, और
पाता जाता हूँ।

बाज़ार से ख़रीदी गई है

बाज़ार से ख़रीदी गई है यह टँगी हुई रंगीन तस्वीर
सुंदर गोल-मटोल बच्चों की—
कि अपने घर के बच्चे इतने सुंदर नहीं होते
वैसे जूते-कपड़े
और इतने स्वस्थ, गोल-मटोल भी नहीं होते।

बहुत बिकती हैं
इसी तरह बच्चों की तस्वीरें
इसे ख़रीद लेने का मन
पिता के मन जैसा
किसी का भी हो जाता है
घर-घर अब तो आम हुआ है।

दरअसल अपने-अपने बच्चों की
गुमसुम सब तरफ़ चिंता है।

साधारण

साधारण
किसी एक छोटी बच्ची का पिटना
और उसका हाथ टूट जाना

साधारणतः
कुछ लोग जा रहे थे
एक की साइकिल पंक्चर हो जाती है
वह रुककर पंक्चर सुधरवाने लगता है
और साथ के लोग साथ देने रुक जाते हैं।

दफ़्तर में छह बजे छुट्टी होती है
जो सात बजे हुई साधारण
सबके साथ घर जाने को बस के लिए खड़ी—
दफ़्तर की लड़की को अचानक
चार गुंडे आकर ज़बर्दस्ती ले जाने लगे
तभी बस आई
बस में बैठे लोग यह देख रहे थे
तब दफ़्तर के लोग भी उसी बस में बैठ गए
साधारण।

चलती बस में खिड़की के पास बैठे
दफ़्तर के एक आदमी का घड़ी में
आठ बजकर दस मिनट को देखना
साधारणतः ।

प्रवास के पहले

प्रवास के पहले सोचता हूँ
कि निवास करता हूँ।
आकाश को देखता हूँ
आँगन को प्रणाम करता हूँ।
धरती को देखता हूँ
और घर के कोने को प्रणाम करता हूँ।
घर के आगे, पिछवाड़े
छानी-छप्पर, आले, बल्ली को
घर के इस पार, उस पार को
खुली खिड़की-दरवाज़े को
दिन और रात को
लोगों को प्रणाम करता हूँ
कि निवासियो! प्रणाम करता हूँ।

कितना सारा गंतव्य

कितना सारा गंतव्य
निकल पड़े का जीवन
बल्कि कितनी जगहें, लोग, दूर-दूर की दूरी
दूर-दूर का पास-पड़ोस।

पाँच जगह नहीं होने के
मेरे पाँच एकांत।
पाँच जगह होने के
मेरे पाँच गंतव्य।
बल्कि कई जगह नहीं होने की
मेरे एकांत की भीड़।

इन एकांतों की भीड़ के आगे
गंतव्यों की भीड़
बल्कि गंतव्यों का जुलूस
बल्कि इसके पीछे
अकेला पीछे।

बल्कि एक जगह होने के एक एकांत से
जगह-जगह होते जाने का पंख पसार
बल्कि बाँह पसार।

*‘अपने-तुपने में
फिर तुपने में बहता
जल की बड़ी बूँद तालाब’*

दो

यहाँ तक आने की दूरी को

यहाँ तक आने की दूरी को
पारकर नहीं, समेट आया
छोड़कर नहीं, साथ लिए
लौटकर जाने, पीछे कुछ छूटा नहीं
एक क़दम के लायक़ भी नहीं
वहाँ मेरा अनदेखा कुछ नहीं बचा
और यहाँ दर्शनार्थियों की भीड़ में शामिल।
इस भीड़ में उसके दिख जाने में रहना चाहता हूँ
उसके दिखने में अपने दिखने से आत्मसात्।

मैं अलख देखना चाहता हूँ—
उसके होने में अपने को भस्म कर डालने का
माथे पर प्रेम का भभूत लगाए।

दर्शन के स्थान पर भीड़ लगी है

दर्शन के स्थान पर भीड़ लगी है
मेरा दिखना उसके दर्शन को
ढूँढ़ता है।

उसके दर्शन में
मैं अपने दिखने से
आत्मसात् होना चाहता हूँ।
अपने होने से
समा जाना चाहता हूँ
उसके होने में।

मैं सम्मुख हो जाना चाहता हूँ
उसी के होने के एकांत में
अपने को भस्म कर डालने का
माथे पर प्रेम का भभूत लगाए।

पानी को

पानी को
पानी की गठरी में बाँध दिया
कपड़े को कपड़े की गठरी में
पानी की गठरी है तालाब
कमल गठानें हैं।

खिले-खुले अधखुले कमल से
अपने-अपने में बहता पानी
अपने-तुपने में
फिर तुपने में बहता
जल की बड़ी बूँद तालाब
जल को पानी की गठरी में बाँध दिया।

उससे यहीं मिलने का निश्चय।

उससे यहीं मिलने के निश्चय को
यहीं मिलने के निश्चय में
बाँध दिया।

तुम खड़ी क्यों हो

'तुम खड़ी क्यों हो
बैठ जाओ।'

'नहीं, अब मैं चलूँगी।'
यह सुनते ही
जाने को कब से उद्धत यह पहाड़ है
जिसकी चोटी पर
एक घर मंदिर है
और एक देवी स्त्री।
वह जा रही मूर्ति थी।

वह पत्थर की तरह कठोर नहीं थी।

उसके चले जाने के समय से
जाने को उद्धत यह पहाड़
किसी एक दिन से
उसके आने की प्रतीक्षा में
उद्धत पहाड़ है।

कि नहीं होने को

कि नहीं होने को
टकटकी बाँधकर देखता हूँ
आकाश में
चंद्रमा देखने के लिए
चंद्रमा के नहीं होने को।

कब से नहीं होने को
कब से टकटकी बाँधकर।

चले जाने के इस शून्य से
कभी लौटकर आ जाने के—
तब तक के उस शून्य को।

साथ न होने के इस सत्य से
साथ हो जाने की उस कल्पना तक
उसके दिख जाने के खोए को
टकटकी बाँधकर ढूँढ़ता हूँ।

कि मेरे इस एकटक के पिंजड़े में
उसका नहीं दिखना
पंख फड़फड़ाता है
और पिंजड़े से निकलकर

उड़ता हुआ
उसी तरफ़ जाता है
जिस तरफ़ उसका दिखना उड़ता हुआ
ओझल होता है।

उसने उसके स्पर्श का

उसने उसके स्पर्श का अनुमान लगाना चाहा
लगा कि अनुमान में स्पर्श का गुण आ रहा है
उसने अनुमान लगाया अग्नि
वह थोड़ा जल गया।
उसने अनुमान लगाया जल
वह थोड़ा भीगकर डूब गया।
उसने धूप का अनुमान लगाया
और उसने छुआ कि सूर्य को ढके हुए बादल
हट गए हैं।
उसने अंतरिक्ष का अनुमान लगाकर
ऐसा गहरा स्पर्श किया
कि नक्षत्रों की बाढ़ में
वह थोड़ा डूबकर भीग गया।

जब उसने उसके स्पर्श का अनुमान लगाना चाहा
तब वह उसके स्पर्श का अनुमान
ठीक-ठीक नहीं लगा सका।

इस छुआ-छुआइल के खेल में

इस छुआ-छुआइल के खेल में
मैंने देख लिया उसे
कि सामने दूर वह
बरसात के दिनों का वही दृश्य है
कि धान के आख़िरी खेतों के बाद
वहाँ पेड़ों का झुंड है
मेंड़ में काँस के फूल की
टेढ़ी-मेढ़ी सफ़ेद लकीर स्थिर है
परंतु हवा वहाँ चल रही है
ध्यान से देखने पर पेड़ हिलते-डुलते दिखाई देते हैं
लेकिन उनकी आवाज़ मुझे सुनाई नहीं देती
उस जगह की एक भी आवाज़ सुनाई नहीं देती
मूक चुपचाप वह
दूर चला गया दूर का दृश्य है।

इस छुआ-छुआइल के खेल में
मुझे मालूम है मेरे पीछे भी
इसी तरह का एक दृश्य है
बहुत दूर एक हरे टीले के साथ
वह इस तरह है

जैसे मुझे मालूम नहीं
कि वह पीछे है।

छुआ-छुआइल में
मुझे लगता है कि मैं चौकन्ना हो गया हूँ
कि पीछे की सबसे अधिक दूरी
मुझे छूने के क़रीब आ रही है
अगर मैं मुड़ा तो पीछे की सबसे अधिक दूरी
सबसे अधिक दूर चली जाएगी।
मैं मुड़ा और
पीछे की सबसे अधिक दूरी
सबसे अधिक दूर चली गई।

आदिम रंग

आदिम रंग आदिम मनुष्य ने क्या देखा था—
वह पहला पुरुष
कि सूर्योदय या सूर्यास्त का गगन रंग
कि धरती हरी-भरी से उड़ते
हरे तोते की टें-टें में
उड़ता हरा रंग
चोंच के लाल रंग में
दबा हुआ जंगली फल का रंग पका हुआ
मीठा सरस।—

सूर्यास्त के रंग को पोंछकर दृष्टि से
दृष्टि बंद कर
गहरे काले रंग के
विराट पृथ्वी अंधकार की रात्रि में
वह सो रहा था।—

पृथ्वी अंधकार में
पहला पुरुष अकेला नहीं था
न पहली स्त्री
सूर्योदय का रंग अंधकार में
दोनों के साथ होने से बन रहा था।

एक झोपड़ी का घोंटुल था

एक झोपड़ी का घोंटुल था।
सल्फी का पेड़
बहककर घोंटुल से दूर उगा था।
उसमें चिड़िया का घोंसला घोंटुल था।
युगल तारों से भरा जंगल का आकाश घोंटुल आकाश था।
चंद्रमा उड़ता हुआ वहाँ उगा था
और चाँदनी की उड़ान
फैल गई थी।

पलाश के पेड़ की शाखा पर
एक अकेला पक्षी बैठा था।
महुआ के पेड़ की शाखा पर
एक अकेली चिड़िया बैठी थी।
रात्रिवास के आदिवासी पक्षी
तुम्हारी चिड़िया कहाँ है पक्षी
रात्रिवास की आदिवासी चिड़िया
तुम्हारा पक्षी कहाँ है चिड़िया।

अंतरिक्ष की शाखा पर घोंसले की तरह लटकी पृथ्वी में
एक चिड़िया अंडे से रही थी।
संसार के होने में संसार घोंटुल था।

वृक्ष नृत्य में है आदिमन

वृक्ष नृत्य में है आदिमन
घोर हरे के घने में
तुरही के वाद्य स्वरों से घिरे
एक वृक्ष की तरह
वृक्ष नृत्य है।

एक स्त्री स्वर
और एक पुरुष स्वर के
युगलों की चहचहाहट की गूँज से भरा।

नृत्य की एक प्रेमालाप की शाखा से निकली शाखा
से घना
हरी पत्तियों से छुपे
किसी एक शाखा पर
मिथुनरत युगल का भ्रम।

इस वृक्ष नृत्य में
फलित युगल
आदिवास करता हूँ।

घंटे को मैंने बजाया

घंटे को मैंने बजाया
घंटे की ध्वनि मैंने सुनी
फिर अनुरणन।—

कितना निर्जन है यह क्षेत्र
मेरी उपस्थिति और पेड़ों की आड़ में
छुपा हुआ यह खंडहर मंदिर!
अपनी उपस्थिति के साथ
मैं ऐसी ही निर्जनता लिए फिरता हूँ
और प्रतीक्षा ऐसी ही।

असमाप्त लौटने की राह पर लौटता हूँ
घंटे का अंतर्नाद
मुझे सुनाई देता है—
घंटे का आर्तनाद
आर्तनाद का अनुरणन
असमाप्त मेरे साथ होता है।

हवा के झरोखे से झोंका आया

हवा के झरोखे से झोंका आया
ढूँढ़कर आया।

आँधी में खो गया झोंका
कितनी बयार, पुरवाई से होकर
पछवाकर, हवा की सड़क पर
हवा का रिक्शा
हवा ने रिक्शा चलाया
रिक्शे में बैठ झोंका आया।

घंटी बजाकर नहीं
हवा की हैंडिल पर घंटी की जगह
उड़ता पपीहा
पियू! पियू! से
दूरी को सामने से हटाता
थोड़ा-सा स्पर्श आया।

मंदिर नया था

मंदिर नया था
जब चट्टान नई थी
तब तराशा नया था
और निर्माण के चलते
शताब्दी के बाद
शताब्दी नई थी
एक दिन नया था
और प्रत्येक दिन
वह तबसे आ चुका था
और वह तबसे अकेली नहीं थी
और तभी से
अपने आ चुकने के बाद
पट की ओर निहारते
दोनों स्थापित
एक-दूसरे की प्रतीक्षा के
देवी-देवता थे

प्रत्येक दिन के बाद
एक दिन, मंदिर का प्राचीन होना हुआ
तब प्राचीन होना नया था
और प्राचीन होना हमेशा नया था।

वे दोनों एक-दूसरे के भक्त

वे दोनों एक-दूसरे के भक्त
और कोई देवी-देवता नहीं
चौरासी करोड़ देवी-देवताओं से
निर्जन प्रदेश का एकांत
वहीं घर
पूजा की कोठरी-सा।

छोटी-सी गृहस्थी के कर्मकांड का ब्रह्मांड
जैसे झाड़ू लगाने से
रात का बचा अँधेरा दूर होता
और कालिख लगे बर्तनों को माँजने में
सूर्य मँजते हुए उदित होता।

चंद्रमा कभी छोटा कभी बड़ा
एक दिन का ख़र्च हुआ
चिल्हर सिक्का था–
चंद्रमा को उठाकर (आकाश तक)
वह धरती पर ख़र्च कर देती।
एक साथ ख़र्च करने को दो सिक्के नहीं थे
नहीं तो चंद्रमा दो होते।
दूज, तीज उसकी गिनती थी।

धरती उसके प्रेम के पुण्य से भरी
तो आकाश अंतहीन भरता हुआ।

बड़े सबेरे दूध की गंजी वह
देहरी के पास रख देती
ग्वाला उसमें नियम से दूध डाल देता
यह ग्वाला धरती में यदि कृष्ण नहीं
तो आकाश में हुआ होता
परंतु, दोनों की एक-दूसरे की भक्ति में
कोई और देवी-देवता नहीं में
वह कृष्ण भी नहीं था
धरती में और आकाश में
जो चौरासी करोड़ उदाहरणों में
एक छोटा-सा उदाहरण था।

दरवाज़ा नहीं था मंदिर में

दरवाज़ा नहीं था मंदिर में
पत्थर के चौखट में दरवाज़े का निराकार था।

इस निराकार दरवाज़े के अस्पष्ट बंद या खुले को
मैं स्पष्ट खोलता हूँ।

बहुत देर लगा दी—उसने कहा।
वह मेरी सदैव प्रतीक्षा में खड़ी
स्थापित थी।

तब देर से आने की सदैव कथा कहता हुआ
कत्थक की एक मुद्रा में
उसके दाहिने आकर मैं
सदैव स्थापित
खड़ा हो गया—
उसकी सदैव प्रतीक्षा के दाहिने सदैव आया हुआ।

मंदिर का एक सदैव घर था।

हाथ बढ़ाकर मैं भी उसे स्पर्श करता हूँ

हाथ बढ़ाकर मैं भी उसे स्पर्श करता हूँ
जब मैंने पत्थर को पत्थर के स्पर्श में देखा
पत्थर का होना शाश्वत होना है—उसने कहा।

क्या मेरा स्पर्श भी पत्थर का हो
मेरा पत्थर का हाथ
उसके पत्थर के गालों को स्पर्श करे!

हम दोनों शाश्वत होने से बच गए
मैं भी चकित नहीं हूँ
और वह भी
कि हम दोनों शाश्वत होने से बच गए।

पत्थर का होना शाश्वत होना है के
खंडहर का एक टुकड़ा
पत्थर का होना शाश्वत होना है के वाक्य का टुकड़ा है—
एक टुकड़ा—होना
एक टुकड़ा—है
एक टुकड़ा शाश्वत का
श्व खंडहर में दबा पड़ा हुआ।

प्रतिमाएँ पत्थर की हैं

प्रतिमाएँ पत्थर की हैं
मूर्तियों में आनंद पत्थर का
सुख पत्थर का है
इस सुख से मुस्कुराहट पत्थर की।
हमारी चितवन के सामने पत्थर है
परंतु सब कुछ सजीव
कि प्रतिमा के चितवन के सामने
हम दोनों पथराए
हमारे पथराने में मूर्तियों का सौष्ठव
मूर्तियों की नक़्क़ाशी
हम दोनों आलिंगन में पथराए।

दूरी के बंद दरवाज़े के सामने

दूरी के बंद दरवाज़े के सामने
उसे पुकारता हूँ—
नहीं हो क्या?
हमेशा की तरह—नहीं हो क्या।
उसने पहले भी कहा था कि
हो क्या, कहकर मैं क्यों नहीं पुकारता
दरवाज़ा खोलकर यही फिर कहा।

वह जाने लगी
और मेरे हो क्या पुकारने में
चली गई।

धीरे से मैंने उसे पुकारा—
हो क्या?
और उसकी सभी समीपता को
समेट लिया।

सभी समीपता के पश्चात
बची हुई समीपता का अथाह
उसके साथ सिमट आया।

यह अनंत अंत का दौर

यह अनंत अंत का दौर
आत्मसात् के गाँव में
आत्मसात् का ठौर।

आत्मसात् का बारबार
अबकी बार, अगली बार
इस बार
हर बार का दौर
हर बार के इस गाँव में
हर बार का ठौर।

मिलने और बिछड़ने के पहले
बस इतना जीवन
इस जीवन का और
एक साथ के इस गाँव में
एक साथ का ठौर।

मंदिर को उसने

मंदिर को उसने
घर में इकट्ठा कर लिया था
देवता को मुझमें।
तब वह मूर्ति सदृश्य
प्रतिदिन की सूखी पत्तियों को
बुहार रही थी
मेरे आने को
शताब्दियों बाद प्रगट हुआ-सा उसने देखा।

बरसात को उसने
सरोवर में इकट्ठा कर लिया था
सरोवर से जल लाकर
बरसात से उसने
निर्माण के क्षेत्र से भी बाहर
निर्मित को धोया
और बाढ़ के पानी को
नदी निकालकर बहा दिया।

चटनी के लिए उसने इमली
बीज निकालकर इकट्ठा किया
उसी तरह बिजलियों को

कड़क-ध्वनि निकालकर
जमा किया था—
बीती रातों से बिजली की झालरों को निकालकर
इस रात को सजाया,
तथा सूपे में महुवा के फूलों के साथ
झरे हुए इकट्ठा तारों को
पछोरकर
चाँदनी का आकाश कर दिया था।

शीत ऋतु को उसने
उघारे में इकट्ठा किया था
ग्रीष्म को तपने में
आलिंगन में आलिंगनों को
चुंबन में चुंबनों को
और प्रतीक्षाओं के अंत को
प्रतीक्षा के अंत में।

अंतिम समय तक के लिए

अंतिम समय तक के लिए
उनका एक गृहस्थ आश्रम
एकांत के घने वन से छुपे
जीवन की अथाह गहरी नदी के किनारे।

इसी नदी के जल में डुबकी लगाकर
दोनों स्नान करते
कलश में वह

यही जीवन जल भरती
और यही जल वे ताँबे के लोटे में लेकर लौटते।

अपनी कर्म-साधना के चलते
दोनों नदी की मँझधार तक पैदल भी चले जाते
किसी डूबते का दुख बाँटते
और हाथ पकड़कर उभार लेते
कभी स्वयं को स्वयं से।
यदि भँवर के गड्ढे में पैर पड़ जाता
तो चक्कर आ जाता।

उस पार के किनारे से
जहाँ साप्ताहिक हाट भरता

एक सफ़ेद झोले में वे कभी
थोड़ा-सा अन्न लाते
और वह टिकुली, सिंदूर, फीता,
दो बीता नया कपड़ा
कभी अँगोछा, नमक, मिट्टी का तेल।

एकांत के वन में उनके इस गृहस्थ आश्रम में
बचपन की देखी चिड़ियों का झुंड
उड़ता हुआ आता
और जिस आम के वृक्ष पर
युवावस्था के फल तोड़ने की स्मृति होती
उस पेड़ पर बैठ जाता।
सचमुच की चिड़िया
स्मृति की चिड़िया की तरह बैठी होती
वह उड़ जाती
परंतु स्मृति की चिड़िया नहीं
वह तो घोंसले बनाने लगती।
आश्रम के आँगन में
पछोरे अन्न के दानों को चुगने
दोनों के बचपन की देखी चिड़िया बैठ जाती।

और जब-तब एक गुड़िया
जिसका वह ब्याह नहीं करा पाई होती
अक्ति के दिन या आए दिन
अपने आस-पास में
या दूर-दूर में
कब से रखा एक गुड्डा ढूँढ़कर
ब्याह करा देती।

गुड़ियों के बड़े होने का
वह राह देखती
और गुड़िया कभी भी
बहुत बड़ी नहीं होती
इसलिए एक अच्छा गुड्डा
कुछ देर से सही, ढूँढ़ लेती।

उनकी कम होती आवश्यकताओं में
सूर्य की एक किरण से प्रातः
और अंतिम एक किरण के डूबने से संध्या होती
सूर्य को उन्होंने जमा करा दिया था
कि कल दूसरों के काम आएगा
यद्यपि तब भी प्रातः की एक किरण
और प्रातः और पूरा दिन नया होता
और संध्या की अंतिम किरण
अंतिम नहीं होती अगले दिनों में भी।
इस दिनचर्या में वे उषाकाल की पहली और संध्या की अकेली
किरण को
गठान लगाकर जोड़ देते
भविष्य के धब्बों को धोकर
कल के उपयोग के लिए
इसी अरगनी में सूखने डाल देते
तथा बचे समय में
बीती ग़लतियों को सुधारने का काम लेकर बैठ जाते
तो दूसरों की ग़लती अपनी ग़लती लगती
और दिन बीत जाता।

रात्रि होते ही गहरी होती
और अँधेरा होते ही अंधकार
बहुत जल्दी सोते हुए
दोनों प्राय: सुबह का स्वप्न देखते
और रात में चौंककर दो-तीन बार उठते
कि सुबह हो गई
और दोनों में से कोई
दोनों में से किसी को सुला देता
कि रात बाक़ी है सो जाओ।

साथ-साथ सोते हुए
एक ही स्वप्न देखते।
टूट जाता तो वहीं से जोड़ते
जहाँ से टूटा होता और देखने लग जाते।
स्वप्न के जोड़ का पता नहीं चलता
कुछ छूटता नहीं।

एक ही जागरण के दिन में
इस तरह शामिल होते
कि काम का समय कम पड़ जाता
बचा काम कम नहीं होता
नया काम और जुड़ जाता
इसलिए प्राय:
सुबह के धोखे में
आधी रात को उठे दोनों
ज़रूरी काम कर रहे होते
बहुत देर बाद एक-दो चिड़ियों का बोलना सुनाई देता
अँधेरा कुछ बचा होता

परंतु उनका सबेरा
आधी रात को हो चुका होता।

अपने एकांत अकेले में

अपने एकांत अकेले में
उसके स्मरण का कोलाहल था
पड़ोसी का मुझे ध्यान था।
मैंने फिर अपनी खिड़की बंद की
दरवाज़ा बंद किया
बाहर का मुझे कुछ भी सुनाई नहीं दे रहा था।

उसके स्मरण में मैं चौंक गया
कि मैंने तितली के पंखों की
फड़फड़ाहट सुनी।

खिड़की खोलकर
तितली को उपवन निकल जाने का
रास्ता सोचता हूँ
तो देखता हूँ
मेरे दरवाज़े से
अंदर सोने के कमरे का रास्ता
उपवन का रास्ता था।

हमारे आने की थोड़ी आवाज़ हुई थी

हमारे आने की थोड़ी आवाज़ हुई थी।
हमारा मूक सिनेमा देखते हैं हमी दोनों
कि एक खिले फूल का प्लेबैक है
मुर्झाए हुए फूल पर
एक पीली चिड़िया का चुपचाप
एक काली चिड़िया के चुपचाप का प्लेबैक है।
एक लता पर पाँच अलाप
पाँच पंखुड़ियों का फूल है
जो सुनाई नहीं दे रहा
परंतु है दिखाई दे रहा।
लता में पाँच कोण की हरी पत्तियाँ
पाँच दिशा में नहीं जा पाईं
हथेलियों के स्पर्श से उगी
हरी ध्वनि की चुप है।

हमारा मन नहीं हो रहा था
हमारे जाने की आवाज़
वहाँ छोड़ने का।

*‘इस खुले मैदान में
आड़ में होने का
एक दृश्य रहता है’*

तीन

शायद

शायद
वहाँ शेष बचा हो सकता है
ख़ूँख़ार भीड़ के चले जाने के बाद
शायद एक दयालु एकांत
दंगे में सब कुछ
एक पूरा परिवार
भाई, बहन, पत्नी, बच्चे
चुन-चुनकर बूढ़े माता-पिता भी
गँवा देने के बाद।
बचा हो सकता है इक्के-दुक्के घर में
बँधी बछिया, कुत्ते का पिल्ला
काली मुर्ग़ी या पिंजड़े का तोता
शायद नहीं।
बचा हो सकता
एक स्तब्ध व्यक्ति
शायद वह भी नहीं।
शायद बचा हुआ—
शायद।

वह व्यक्ति व्यक्तित्व ही

वह व्यक्ति व्यक्तित्व ही
व्यक्तित्व के हाथ-पैर नाक-नक़्श थे।
बढ़ते-बढ़ते वह कुछ
इस तरह बढ़ा
कि एक ख़ूब पोले ढोल के पेट के अंदर समाया तो
बस दो हाथ ही बाहर रह गए
ताकि यह ढोल ज़ोरों से पीटा जा सके।

व्यक्ति से मैंने हाथ नहीं मिलाया
व्यक्तित्व से कभी मुलाक़ात नहीं की।

उछलती-कूदती

उछलती-कूदती आई लड़की को
फ्रॉक छोड़कर साड़ी पहनने के लिए कहा गया
तो वह दौड़ते हुए लगातार आड़ में होने लगी
पहले एक पेड़ की आड़ हुई
तो पेड़ कट गया
जंगल की आड़ में हुई तो
जंगल कट गया
धान के खेतों के अंदर घुसकर
धान की आड़ में हुई
धान कट जाने के बाद
तालाब में कूदकर
पानी की आड़ में हुई
तालाब सूखा तो घाटियों से उतरकर
पहाड़ की आड़ हुई
पहाड़ टूटा तो
इसके बाद दूर तक मैदान था
वहाँ आड़ में होने के लिए
कुछ भी नहीं था
भागकर क्षितिज में थककर खड़ी हो गई
खड़े-खड़े कमर से नीचे ज़मीन हुई
कमर से ऊपर आकाश हुई
इस खुले मैदान में आड़ में होने को एक दृश्य रहता है।

पिंजड़े के पक्षी को

पिंजड़े के पक्षी को
स्वतंत्र करने के लिए
जंगल नहीं जाना होता
घर के आँगन में पिंजड़ा खोल
उड़ा दिया जाता है तो
छत की मुँडेर या पास के पेड़ की ओर
पक्षी चला जाता होगा।
पता नहीं कहाँ किस पेड़ से
पकड़ा गया हो।
पर गगन वही है
सब जगह उड़ने का।—

एक बार जब विश्वनाथ बेतवा गए
तो नदी के बहते जल से
एक गोल पत्थर उठा लाए
जो उनके घर के आँगन के
खुले गगन में बरसों पकड़ा हुआ पड़ा रहा।
वे दुबारा बेतवा गए
तब पत्थर साथ ले गए
पारदर्शी जल के नीचे
याद कर, वहीं उसी जगह

दूसरे पत्थरों के बीच
पकड़े पत्थर को छोड़ स्वतंत्र किया
स्वयं उन्मुक्त हुए
देखकर मैं
जिसे बताया मैंने, वह भी।

मैं अंतर्मुखी होकर

मैं अंतर्मुखी होकर कविता में अपने को एक वाक्य देता हूँ—
कि चलो निकलो।
इस वाक्य में बाहर देना भूल जाता हूँ
इसलिए अपने अंदर और निकल जाता हूँ।
अंतर्मन के तालाब में
बहिर्मुख के प्रतिबिंब को
अंतर्मुख देखता हूँ।
बहिर्मुख की दाढ़ी बनाकर
अंतर्मुख की दाढ़ी बनाता हूँ।
बहिर्मुख को धोकर
अंतर्मुख साफ़ देखता हूँ।
तैयार होकर बाहर
परंतु अंतर्मुख के साथ निकल आता हूँ
खुली हवा में उसी से साँस लेता हूँ।

गाड़ी से उतरते ही

गाड़ी से उतरते ही
स्टेशन से पैदल
बहुत तेज़ धूप में
जल्दी-जल्दी कि देर न हो जाए
चाचा के घर आया था
बहुत उदास थका हुआ
सूखे खेतों के बीच पगडंडियों से।
शुरू में तो वहाँ भी पानी बरसा था
धान अंकुरित हुए और सूख गए।
रास्ते में जो मिला
उधर बारिश के हाल पूछे
और चाचा के घर पहुँचते ही यही हुआ
छोटे मुन्नू तक ने पूछा—वहाँ पानी गिरा?
बरामदे में खड़े चाचा से
अकाल, राष्ट्र और आतंक की चर्चा होने लगी
पास-पड़ोसी आ गए
बहस होने लगी
अंत में मैं कह पाया—
अम्मा बहुत बीमार हैं।
यह ख़बर बताने में मुझे देर हुई

इतने दिनों से कहीं बारिश नहीं हुई।

दीवार में एक खिड़की रहती थी

दीवार में एक खिड़की रहती थी
खिड़की से एक दृश्य रहता था
एक झोपड़ी, दो पगडंडी, एक नदी
और दो-एक तालाब रहते थे
एक आकाश के साथ सबका होना रहता था
लोगों का आना-जाना कभी-कभी रहता था
पेड़-पक्षी रहते थे
खिड़की से सब कुछ रहता था
नहीं रहने में एक खिड़की खुली नहीं रहती थी
रहने में एक खिड़की खुली रहती थी
खिड़की से हटकर दीवार में एक आदमी रहता था।

बचाकर रख लेनी चाहिए हवा

बचाकर रख लेनी चाहिए हवा
साँस लेने के लिए
दूर नल से पानी लाते हैं
वैसे ही नालियों, दुर्गंध से दूर जाकर
एक साबुत घड़े में शुद्ध हवा लानी चाहिए।
शाम को थके-हारे मेहनत-मजूरी से लौटने के बाद
अपने बच्चों-पत्नी के साथ
साँस रोककर
घर से दूर भागने का अभ्यास करना चाहिए
और भागते हुए अपने शहर के भोपाल से
बाहर चले जाना चाहिए।
रात में तकिये के नीचे
चार-आठ आने की रेज़गारी के साथ
नींद बचाकर रख लेनी चाहिए
और जागते रहना चाहिए।

घटते-घटते जीवन इतना ही बचा है
भरपूर जीवन की लड़ाई के लिए
जीवन को कितना
और कैसा बचा होना चाहिए?

जंगल के उजाड़ में

जंगल के उजाड़ में काँदा खोदते-खोदते
भूख से बेहाश पड़े आदिवासी के लिए
कौन डॉक्टर को बुलाएगा!
उसे अस्पताल ले जाना चाहिए
या रसोईघर!!
यहाँ दूर तक कोई अस्पताल नहीं
दूर-दूर तक ऐसी झोपड़ी नहीं
जहाँ रसोई पकती हो।
भूख से बेहोश पड़े आदमी का
प्राथमिक उपचार क्या होगा!!
बेहोशी में लगेगा कि अभी सोया हुआ है
और उसे सोने दिया जाए
बेहोशी में मर जाए तो
कैसे पता चलेगा कि मर गया
और अब कुछ नहीं हो सकता!!
यदि वह मर गया
तो उसके हिस्से का
हंडी में थोड़ा भी भात नहीं था
जो दूसरे के लिए बच जाता—
दूर किसी पेड़ के नीचे या झोपड़ी में
उसकी पत्नी और तीन बच्चे

भूख से मरते हुए उस आदमी का
इंतज़ार करते होंगे
कि वह काँदा खोदकर ला रहा होगा
फिर वे भी भूख से मर जाएँगे।
कुछ ही दिनों से यह एक आदिवासी कथा है
कि बहुत बरस से जंगल में
बहुत से आदिवासी भूख से मर जाते हैं।

पुराना ज़ंग लगा ताला कहीं दिखता है

पुराना ज़ंग लगा ताला कहीं दिखता है?
यह प्रश्न विरासत के खुले संसार में
ध्वनियों के कैमोफ्लाज में
सुनाई नहीं दिया
एक दिन किसी समय, किसी जगह
किसी से पूछा गया-सा
एक और ज़ंग लगे ताले की तरह
कहीं जड़ा रहा।

अपनी स्वतंत्रता की जगह में
जैसे दस बाई दस फ़ुट की जगह में
दस लोग दसवें फ़ुट के कोने तक
अपनी इच्छा से आना-जाना करते
और मौक़ा निकालकर
साथी के कान में गुप्त बात कह देते—
आज कौन-सा दिन है?
क्या वही तारीख़ जो पिछले माह थी?
वही महीना जो कई वर्ष पहले था?
वही शताब्दी जो पचास वर्ष पहले थी?
गुप्त प्रश्न के गोपनीय निरुत्तर उत्तर होते
पूछने वाला निरुत्तर को पाकर संतुष्ट हो जाता

और अभिव्यक्ति में 'हाँ' के लिए धीरे से अपना सिर हिला
देता।
यह सिर हिलाना बिना कटे सिर को
ज़मीन पर गिरने से पहले सँभालने जैसा लगता—
क्या मस्तिष्क में भूकंप आया?
मस्तिष्क में नहीं, दस बाई दस फ़ुट की धरती में
इस धरती पर खड़े आदमी के सिर को केवल
फ़ोकस किया गया—
धीमी गति से
कि भूकंप जिसमें धरती डोल जाती है
तब सिर जिस तरह डोलता है—
'हाँ' के लिए डोलता है।

जो जन्म से क़ैदी है
उनकी उम्र पूछने पर वही क़ैद की उम्र होती।
इस जोड़ में ग़लती होती होगी
कि एक क़ैदी माँ के कोख के काल को
क़ैद में शामिल किया जाए या नहीं
दुविधा कि कोख में बच्चा स्वतंत्र था?

पुराना ज़ंग लगा ताला कहीं दिखता है?
यह प्रश्न
लोग ऊब गए हैं की दिशा की तरफ़ से उठता
कभी ऊबे नहीं हैं की दिशा की तरफ़ से
दोनों दिशाएँ एक-दूसरे से सटी होतीं
दिशाओं के फैलने की जगह न होने से
एक उँगली के इशारे पर
कई दिशाएँ होतीं।

और कभी हद हो गई दिशा की ओर से
इस दिशा के ऊपर छत का आकाश होता
छत के आकाश में
अमावस की रात के समय
पच्चीस वॉट का टिमटिमाता तारा
स्विच ऑन होने से उगता—
एक अकेली तरय्या।
जीवन के इस घुप्प अँधेरे में
बिजली की कटौती से
यह तारा दो-तीन रात न उगे तब
तारे की स्मृति का प्रकाश भी बुझ जाए।
दिन में बल्ब का जलना शुरू हुआ
तो सूर्य की स्मृति का प्रकाश बुझा।

दिन बीते फिर स्मृति के दिन
मानवाधिकार में मिली यह सहूलियत है
कि विस्मृत के दिनों में एक बल्ब टिमटिमाता था—
के बदले विस्मृत के दिनों में एक बल्ब टिमटिमाता है कहा जाए
तथा कुशल-क्षेम की चिट्ठी
जो किसी पीढ़ी में
किसी को लिक्खी
हमीं को लिक्खी
आज अभी जाकर मिली को
पढ़ें इस घुप्प अँधेरे में
विस्मृत दिनों के
एक बल्ब के उजाले में।

विस्मृत दिनों के टॉर्च के उजाले के सहारे
दूर निकल जाने एक, आगे बढ़ता है
कि दस बाई दस फ़ुट का अँधेरा
असीम अँधेरा लगता है।

दूसरा, विस्मृत दिनों में अध-बची बुझी मोमबत्ती को
आँधी की तरह बढ़ते ज़ोर के अँधेरे में जलने से या
बुझी मोमबत्ती को और बुझने से बचा रहा है।

बाक़ी विस्मृत के दिनों में कई दिनों से रहने चले गए
विस्मृत के दिनों के दस बाई दस फ़ुट में
कब आएँगे मालूम नहीं,
यह घर बदल दिया।

जाते रहते
रहे आते हैं।

चुपचाप आते-जाते रहने में
पैर की ठोकर से कभी
झन्न से आवाज़ होती है
यह विरासत के खुले संसार के कोने में पड़ी
विरासत की ज़ंग खाई चाबियों के गुच्छे की है।

ताले में बंद मन
आगे न बढ़ पाने के कारण
खिन्न होता है
वही कोने में पड़ी चाबियों का झन्न होता है।
कोना जो सबका कोना है
इतना कोना नहीं कि सबके हृदय का कोना

उतना कोना भी नहीं कि दिमाग़ का कोना।

दस बाई दस के कोने में पड़ी
इस चाबियों के गुच्छे का सबको इतना अधिक पता है
कि उसकी तरफ़ ध्यान नहीं जाता।
अलबत्ता कमरे की सड़क पर
आते-जाते
जब किसी को फिर मिली जैसी
एक ज़ंग खाई चाबी मिलती
तो गुच्छे में उसे पिरो दिया जाता।

कहाँ से गिरी जैसी चाबी
किसी की जेब से या दिमाग़ से।
शरीर को काट-काटकर
ढूँढ़ा गया होगा
जलाकर राख को ढूँढ़ा गया हो
तब नहीं मिली होगी जैसी चाबी
फिर मिली जैसे मिली।

पुराना ज़ंग लगा ताला कहीं दिखता है?
इस प्रश्न की प्रतिध्वनि
ज़ंग लगा ताला कहीं नहीं दिखता है की होती होगी।
प्रश्न नहीं सुनाई दिया
और यही प्रतिध्वनि सुनाई देती हो।

प्रश्न में प्रश्नवाचक चिह्न एक चाबी की तरह लगा
भले व्याकरण सम्मत लगा
कुछ निम्न-से क़ैदखाने में बिखरे—

खड़ा है कौन?
आया कोई?
कहाँ हो?
यह कैसा क़ैदखाना है?
दो जून की रोटी मिल जाती है?
लौट आना?
बार-बार पूछे गए के चिह्नों को
ज़ंग खाए प्रश्नों में
पिरोकर एक गुच्छे में
झन्न से डाल दिया गया कोने में
जो सबका कोना है

समूह का कोना
व्याकरण सम्मत होना
भाग्य का व्याकरण
कि पीढ़ी-दर-पीढ़ी
भविष्य में ताले जड़े जाते हैं
भविष्य के ताले में ज़ंग नहीं लगता
जब दिखता वर्तमान नया दिखता
तथा दस बाई दस फ़ुट के कमरे की सड़क में
नई चाबी मिलने का संयोग नहीं होता।

ज़ंग लगा ताला कहीं दिखता है?
दस बाई दस फ़ुट का संसार
अंदर एक अनंत बीतता है
बाहर एक अनंत बीतता है।

अनुकथन

पिछले चार दशकों से कविता लिखते हुए तथा उम्र के उस पड़ाव पर पहुँचे हुए जिसमें अधिकांश कवि-लेखक अपनी पिछली कमाई की जुगाली करते नज़र आते हैं, विनोद कुमार शुक्ल अपनी सृजनशीलता से इस नए संग्रह में भी हमें अवाक् और हतप्रभ कर देते हैं। कुछ मतिमंद जो उन पर भाषाई खिलवाड़, चमत्कार, वक्रोक्ति, उलटबाँसी, शिल्पातिरेक या कलावादिता का आरोप लगाते हैं वे ज़रा इस संग्रह की **हताश से एक व्यक्ति बैठ गया था** और **तथा** जैसी कविताएँ देखें जिनमें कवि की अपनी शैली की सारी ज़िदों का निर्वाह भी हुआ है और भारतीय समाज तथा मानवमात्र को लेकर पूरी सहानुभूति, करुणा और प्रतिबद्धता भी असंदिग्ध रूप से उजागर हैं। यह विनोद कुमार शुक्ल ही कह सकते हैं कि आदमी को जानना ज़रूरी नहीं है, उसकी हताशा को और उसके साथ चलने को जानना बहुत है। जो यह कहते हैं कि कवि हमारे यथार्थ का कोमलीकरण करता है वे देखें कि उसके कान दुकानदार द्वारा राशन लेनेवालों को धीरे से दी गई माँ-बहन की गाली सुन सकते हैं और फिर उसकी आँखें उस गाली से जन्मे उस लड़के को भी देख सकती हैं जो जुलूसवालों को ठीक वही गाली देता है।

'तथा', 'और', 'केवल', 'यद्यपि', 'कि', 'जबकि', 'वैसे', 'तदनुसार', 'अलावा', 'अतिरिक्त', जैसे सादा, 'गंभीर' या काव्यात्मक प्रत्ययों से विनोद कुमार शुक्ल हमारी ज़िंदगी की तमाम विसंगतियों, हास्यास्पदताओं, शुद्ध हास्य तथा मानवीय, मार्मिक स्थितियों को ऐसे जटिल संपुंजनों में रखते हैं जो रघुवीर सहाय की परंपरा को (**जो बाज़ार**

से ख़रीदी गई है में दिखती है) आगे ले जाते लगते हैं। स्मरण रहे कि विनोद कुमार शुक्ल शमशेर बहादुर सिंह के साथ हिंदी के सबसे बड़े प्रयोगधर्मी कवि भी हैं (**कुछ काला बैंगनी** की शमशेरियत दृष्टव्य है) किंतु सिर्फ़ उन्हीं ने यह सिद्ध किया है कि लगातार प्रयोग और लगातार प्रतिबद्धता एक साथ संभव हैं। उनके सिवा और कौन लिख सकता है : **सबके हिस्से की हवा वही हवा नहीं है।/ अपने हिस्से की भूख के साथ/ सब नहीं पाते अपने हिस्से का पूरा भात.../ जो सबकी घड़ी में बज रहा है/ वह सबके हिस्से का समय नहीं है।/ इस समय।** या **थोड़े-थोड़े भविष्य से/ ढेर सारे अतीत इकट्ठा करता हूँ/ बचा हुआ तब भी ढेर सारा भविष्य होता है/ ऐसे में ईश्वर है कि नहीं की शंका में/ कहता हूँ–मुझे अच्छा मनुष्य बना दो/ सबको सुखी कर दो।**

अपने अस्तित्व-विवेक और कवि-कर्म की समस्याओं और ज़िम्मेदारियों को लेकर, जो एक साथ सूक्ष्म एवं विराट, व्यष्टिपरक एवं समष्टिपरक, स्थानीय तथा सचराचरोन्मुख, भौतिक तथा आधिभौतिक हैं, विनोद कुमार शुक्ल शायद हिंदी के सर्वाधिक जागरूक और निर्भीक-निस्संकोच कवि नज़र आते हैं। उन्हें क्या कहा जाएगा इसकी चिंता उन्हें नहीं व्यापती : **मैं अंतर्मुखी होकर कविता में अपने को एक वाक्य देता हूँ–/ कि चलो निकलो।/ इस वाक्य में बाहर देना भूल जाता हूँ/ इसलिए अपने अंदर और निकल जाता हूँ।/ तैयार होकर बाहर/ परंतु अंतर्मुख के साथ निकल आता हूँ/ खुली हवा में उसी से साँस लेता हूँ।**

किंतु विनोद कुमार शुक्ल का कवि अंतर्मुखी है कहाँ? निस्संदेह इन नई कविताओं में से कुछ में वे एक अंतर्यात्रा पर निकलते हैं जिसमें ईश्वर की निराकार साकार अधिकता, बुद्ध, कैलास, शिव, कृष्ण, मंदिर और चौरासी करोड़ देवी-देवता हैं। इस महायात्रा में गंगा, ब्रह्मपुत्र, पूर्वज, पितामह, हिमालय, मंत्र, अलख, दर्शन, भस्म, भभूत, शून्य तथा सत्य

के पड़ाव भी हैं। यह उस गहरे हिंदुत्व की कविताएँ हैं जिसका कोई लेना-देना भाजपाई या मनुवादी हिंदुत्व से नहीं है बल्कि जहाँ हिंदुत्व एक महान मानवतावादी आध्यात्मिक-सांस्कृतिक-कलात्मक परंपराविशेष का पर्याय बन जाता है और साथ में एक नितांत निजी आस्था भी, जिसे शायद हिंदुत्व कहा भी नहीं जा सकता। विनोद कुमार शुक्ल के लिए यह सब इतिहास, भविष्य, वर्तमान तथा अतीत के विस्मृत कबाड़ का हिस्सा भी है। ऐसी कविताओं में कीड़ों के जीव-जगत से लेकर वे पहाड़ तक हैं जो फ़ॉसिल हो चुकी उड़ानें हैं। इनमें से कुछ में भविष्य को इस तरह स्मरण किया गया है जैसे वह अतीत हो। वे हिंदी के उन कुछ कवियों में से हैं जो सब देखना-बखानना चाहते हैं। **दीवार में एक खिड़की रहती थी** सरीखी कविता लिखकर विनोद कुमार शुक्ल ने यह समस्या भी खड़ी कर दी है कि उनकी ऐसी रचनाओं का संबंध उनके अद्वितीय गल्प से कैसे बिठाया जाए। इधर हिंदी में कुछ कवियों ने प्रेम, दांपत्य, तथा ऐंद्रिकता पर विशेष रियाज़ किया है किंतु इस संग्रह की कुछ कविताओं को पढ़कर ही जाना जा सकता है कि इन 'विषयों' पर स्निग्ध मार्मिकता से कैसे लिखा जाना चाहिए।

यह संग्रह हैरतअंगेज़ ढंग से दिखाता है कि प्रौढ़ विनोद कुमार शुक्ल की सृजनात्मक ऊर्जा में कमी तो क्या आई है, उल्टे उनका कवि अपने ऐसे रोमांचक आयाम उद्घाटित कर रहा है जो नितांत अप्रत्याशित थे। उन्हीं के बिंब में उनकी कविता वह जलप्रपात है जिसमें सबकी आवाज़ों का कोरस समाया हुआ है। जिन्हें अब भी विनोद कुमार शुक्ल को हिंदी का समसामयिक सबसे बड़ा कवि (तथा उपन्यासकार, किंतु वह एक अलग बहस है) मानने में कुछ आध्यात्मिक कठिनाई होती हो उन्हें जीव-दयावश रियायत देते हुए यह तो सगर्व कहा ही जा सकता है कि वे निस्संदेह आज के हमारे सबसे बड़े कवियों में से एक हैं।

– विष्णु खरे